Theo Doerfler

Lerntheke Grundschule

DaZ – 1./2. Lernjahr

Differenzierungsmaterialien
für heterogene Lerngruppen

Cornelsen

Der Autor des Bandes

Theo Doerfler ist zurzeit Schulleiter an einer Grundschule in Bayern. Zuvor war er Seminarrektor in der Stadt Augsburg und Leiter des Fachseminars Deutsch als Zweitsprache im Bezirk Schwaben. Er unterrichtet in Deutschförderklassen und Vorkursen und hält regelmäßig Fortbildungen in Deutsch als Zweitsprache auf lokaler und regionaler Ebene.

Projektleitung: Dorothee Weylandt, Berlin
Redaktion: Birte Meyer, Berlin
Umschlaggestaltung: X-Design, München
Illustration: Liliane Oser, Hamburg
Layout: zweiband.media, Berlin
Technische Umsetzung: krauß-verlagsservice, Ederheim/Hürnheim

www.cornelsen.de

1. Auflage, 2. Druck 2024

Druck: Esser printSolutions GmbH, Bretten

ISBN 978-3-589-15198-1

PEFC zertifiziert
Dieses Produkt stammt aus nachhaltig bewirtschafteten Wäldern und kontrollierten Quellen
PEFC/04-31-2851 www.pefc.de

Inhalt

Vorwort – Hinweise für die Lerntheken-Arbeit

Die in diesem Band angebotenen Lerntheken für das Fach Deutsch als Zweitsprache widmen sich jeweils einem Rahmenthema. Die jeweiligen Aufgaben können von den Schülern parallel bearbeitet werden. Im Unterschied zu einem „Lernzirkel" werden die Materialien auf einer „Theke" ausgelegt und die Schüler wählen je nach Können „ihre" Aufgabe aus. Sie bestimmen also selbst die Reihenfolge. Natürlich entscheidet die Lehrkraft, ob jedes Kind tatsächlich alle Aufgaben auf der „Theke" bearbeiten muss, oder nur einen Teil. So kann mit den angebotenen „Lerntheken" ein hoher Grad an Differenzierung in einer Lerngruppe erreicht werden.

Die Arbeit mit den Materialien der Lerntheken ersetzt nicht die systematische Alphabetisierung im Unterricht, kann diese aber sinnvoll ergänzen. Den Schülern sollten die Aufgabenformate bekannt sein, d. h. an der ein oder anderen Stelle im Unterricht sollte schon einmal das gleiche oder ein ähnliches Aufgabenformat durchgeführt worden sein. Nur so ist gewährleistet, dass die Schüler tatsächlich selbstständig arbeiten können. Um die Lehrkraft zu entlasten, können leistungsstärkere Schüler als Experten herangezogen werden. Diese Schüler können anderen Kindern Aufgabenformate nochmals erklären.

Eine „Lerntheke" kann in allen Phasen einer Unterrichtssequenz zum Einsatz kommen. Die vorliegenden Materialien eignen sich vor allem zum Üben und Wiederholen. Sie sind innerhalb einer Lerntheke nach Schwierigkeitsgraden geordnet und setzen unterschiedliche sprachliche Schwerpunkte. Diese können im Bereich der vier Grundkompetenzen (Hören, Sprechen, Lesen und Schreiben) liegen oder aber auch spezifische orthografische oder grammatikalische Aspekte betreffen. Es wurde darauf geachtet, dass die Aufgaben unterschiedlichen Lerntypen gerecht werden. Die Schüler beschäftigen sich im Rahmen der Aufgaben nicht nur kognitiv, sondern auch optisch, akustisch und spielerisch mit einem Thema. Vor allem im Bereich Zweitspracherwerb ist es empfehlenswert, möglichst variantenreiche Übungsformate anzubieten.

Die Kommunikation zwischen den Schülern ist ein zentraler Aspekt des Zweitspracherwerbs. Daher sind die Aufgaben immer in unterschiedlichen Sozialformen durchführbar. Die Schüler sollten in der Lerngruppe immer wieder aufgefordert werden, in die Partner- oder Gruppenarbeit zu wechseln. Eine neue Sprache lernt man nur, wenn man sie auch spricht!

Die angebotenen Lerntheken greifen immer auch gezielt einen speziellen Wortschatz auf. Dieser wird in den unterschiedlichen Übungen gefestigt. Doch der zu verwendende Wortschatz muss unbedingt zuvor eingeführt werden. Wortkarten, Wörtersammlungen auf Plakaten oder auch Mindmaps sollten stets im Klassenzimmer aushängen oder -liegen. Die Bedeutung der Wörter muss allen Schülern klar sein. Ebenso wurde darauf geachtet, dass die Aufgaben sich nicht nur auf der Wort- oder Satzebene bewegen, sondern, wenn möglich, immer auch kurze, lustige und kreative Texte Verwendung finden. Lyrik eignet sich zum Sprachenlernen in besonderer Weise. Je mehr gängige Satzkonstruktionen (sogenannte Chunks) die Schüler verinnerlichen, desto schneller schreitet der Zweitspracherwerb voran.

Vorbereitung und Organisation der Lerntheke

Vor Beginn der Arbeit sollte die Lehrkraft die Klasse ausführlich darüber informieren, wie die Lerntheke funktioniert. Dazu muss sie sich zuvor Gedanken machen, wie sie die Arbeit organisieren möchte.

Symbolkarten für Sozialformen und Arbeitsaufträge

Um ihnen ein selbstständiges Arbeiten zu ermöglichen, müssen den Kindern die Symbole für Sozialformen und Arbeitsaufträge bekannt sein. Das Verstehen der eigentlichen Arbeitsaufträge ist immer eine Hürde – vor allem für Kinder, die Deutsch als Zweitsprache erst noch erlernen. Da der Sprachstand und damit auch die Lesefähigkeit bzw. -fertigkeit sehr unterschiedlich sein können, wurde jedem Arbeitsauftrag auch ein Symbol hinzugefügt. So wird die Aufgabenstellung auch ohne das Lesen, nur anhand der Bilder verständlich gemacht. Das führt auch dazu, dass die Aufgabenformate sich ähneln. Sehen die Schüler z. B. das Symbol der Schere und es werden Bilder oder Wortkarten angeboten, wissen sie sofort, dass das Material zerschnitten werden muss. Eine Zusammenstellung der in den Arbeitsaufträgen aufgeführten Symbole ist im Anhang zu finden. Deren Bedeutung muss den Kindern im Vorfeld unbedingt klar sein. Gut ist es, wenn alle aufgeführten Symbole im regulären Unterricht immer wieder verwendet werden. Es bietet sich an, die Symbolkarten als festen Kartensatz im Klassenzimmer aufzubewahren und je nach Arbeitsauftrag an die Tafel zu heften. Dabei sollen die Bilder das Verständnis für Arbeitsaufträge unterstützen. Individuelle Erklärungen können sie im Einzelfall aber nicht ersetzen.

Bedeutung der Symbole

Die Schüler erfahren, welche Sozialformen es gibt (je nach Symbol auf dem Arbeitsblatt Einzel-, Partner- oder Gruppenarbeit) und wie sich die Schwierigkeitsgrade voneinander unterscheiden (ein, zwei oder drei Sterne).

Folgende Symbole sind auf den Arbeitsmaterialien zu finden:

- ★ Schwierigkeitsgrad 1
- ★★ Schwierigkeitsgrad 2
- ★★★ Schwierigkeitsgrad 3
- Einzelarbeit
- Partnerarbeit
- Gruppenarbeit

Bildung der Gruppen

Es muss zuvor geklärt werden, ob es feste Paare oder Gruppen gibt oder ob sich die Schüler immer wieder selbstständig zusammenschließen. Sicher ist es im Deutsch-als-Zweitsprache-Unterricht von Vorteil, wenn sprachstärkere mit sprachschwächeren Schülern zusammenarbeiten. Es ist zu empfehlen, vor allem in Bezug auf Partnerarbeit die Paare zuvor festzulegen. Einzelne Übungen können wahlweise in Einzel- oder Partnerarbeit bearbeitet werden. In diesen Fällen können die Schüler selbst entscheiden, welche Sozialform sie wählen.

Helfersystem und Lösungsblätter

Die Lehrkraft sollte die Schüler immer wieder dazu motivieren, anderen Kindern zu helfen. Zum einen entstehen dadurch wertvolle kommunikative Situationen, zum anderen wird die Lehrkraft erheblich entlastet. Stellt die Lehrkraft fest, dass ein Schüler bestimmte Aufgaben schnell und fast ohne Fehler gelöst hat, wird ein entsprechendes Schild auf seinen Platz gestellt. Auf diesem steht: Ich helfe gerne bei der Aufgabe ... ! (siehe dazu die Symbolkarte im Anhang). So erkennen die Mitschüler schnell, an wen sie sich bei Fragen wenden können.

Zusätzlich haben die Schüler mithilfe der Lösungsseiten die Möglichkeit, ihre Ergebnisse selbst zu kontrollieren. Arbeitsblätter, die individuelle Lösungen enthalten, sind nicht als Lösungsseite aufbereitet.

Selbsteinschätzungsbogen

Selbsteinschätzung ist ein zentraler Aspekt des kompetenzorientierten Arbeitens in jedem Unterricht, so auch im Fach Deutsch als Zweitsprache. Durch die einfachen Symbole auf den Selbsteinschätzungsbögen zu jeder Lerntheke, können auch Sprachanfänger schnell ein Verständnis für das System der Selbsteinschätzung aufbauen. Den Schülern sollte regelmäßig verdeutlicht werden, dass sie aus den Eintragungen im Selbsteinschätzungsbogen wichtige Schlüsse über ihren Kenntnisstand dokumentieren und erkennen können, an welchen Aufgaben sie noch intensiver arbeiten müssen. Auch der Lehrkraft bieten die Eintragungen eine Möglichkeit der Diagnostik über den individuellen Sprachstand. Zusätzlich sollten die Schüler regelmäßig in Sitzkreisen dazu aufgefordert werden, ihren Selbsteinschätzungsbogen zu kommentieren: Was kann ich gut? Was habe ich dazugelernt? Was fällt mir noch schwer? Was muss ich noch üben?

Sitzordnung

Es empfiehlt sich, im Klassenzimmer eine Sitzordnung herzustellen, die sowohl Einzelplätze als auch Gruppentische aufweist, damit die Schüler je nach Sozialform auch den geeigneten Arbeitsplatz aufsuchen können. Die Arbeitsmaterialien müssen zentral auf einem Tisch (der „Theke") ausgelegt werden. Außerdem sollten zusätzliche Materialien wie Wörterbücher oder -listen bereitgelegt werden. Auch Lösungsblätter zu den einzelnen Übungen müssen für die Kinder gut erreich- und einsehbar sein.

Pflichtstationen

Innerhalb einer Lerntheke kann die Lehrkraft bestimmte Pflichtstationen festlegen. Diese werden deutlich (evtl. farbig) markiert. Erst nach der Bearbeitung der Pflichtstationen können die Schüler aus den übrigen Übungen auswählen. Dieses Vorgehen empfiehlt sich, wenn einzelne Inhalte einer Lerntheke neuen Stoff darstellen und nicht der Wiederholung und Übung dienen.

Reflexionen am Ende der Lernthekenarbeit

Meist umfasst die Bearbeitungszeit einer Lerntheke mehrere Unterrichtsstunden. Es ist darauf zu achten, dass bei der Beendigung der Arbeitszeit an der Lerntheke eine gemeinsame Reflexion im Sitzkreis stattfindet. In einem solchen Gesprächskreis haben die Schüler die Möglichkeit, über ihre Arbeiten zu berichten. Sie sollten zum einen erzählen, an welchen Aufgaben sie gearbeitet haben, zum anderen aber auch klar herausstellen, welchen sprachlichen Zuwachs sie für sich erfahren haben. Wiederkehrende Fragestellungen (Welche Aufgabe/n hast du heute bearbeitet? Was ist dir leicht-/schwergefallen? Warum? Welche neuen Wörter hast du dir heute gemerkt? Kannst du bestimmte Wörter und Sätze nun besser lesen/verstehen?) können als Satzstreifen in die Mitte des Kreises gelegt werden. Die Anfänge der Antworten helfen den Kindern, einen Satz zu bilden: Heute habe ich die Aufgabe ... bearbeitet. Mir ist die Aufgabe ... leicht-/schwergefallen, weil ... Ich habe heute ... gelernt.

Ich wünsche Ihnen viel Erfolg bei der Arbeit mit den unterschiedlichen Lerntheken!

Theo Doerfler

Lerntheke 1
Rund um das Abc

Diese Lerntheke bietet unterschiedliche Möglichkeiten, die Buchstaben des Abc zu üben und zu festigen. Der Wortschatz zum Themenfeld „Körper“ wurde in den folgenden Aufgaben dafür mit dem Abc verknüpft.

Übersicht

1 Das Abc sprechen und sortieren	Hören und sprechen: Die Buchstaben nach dem Abc sortieren und einem Partner vorsprechen.	★ | 👤 und 👤👤
2 Körperteile nach dem Abc sortieren	Lesen, hören und sprechen: Wörter dem Abc zuordnen, lesen, Anlaute erkennen und einem Partner vorsprechen.	★★ | 👤 und 👤👤
3 Ab ins Bett – ein lustiges Abc-Gedicht	Hören und sprechen: Das Abc mithilfe eines Gedichtes und Bewegungen lernen.	★ | 👤, 👤👤 und 👤👤👤
4 Körperteile – Silben zu Wörtern zusammenfügen	Lesen und sprechen: Silben zu Wörtern zusammensetzen.	★ | 👤 oder 👤👤
5 Lustige Abc-Sätze lesen und verstehen	Kurze Sätze lesen und verstehen.	★★ | 👤 und 👤👤
6 Außergewöhnliche Kinder beschreiben	Beschreiben und schreiben: Das Aussehen von Kindern mit kurzen Sätzen beschreiben.	★★★ | 👤 und 👤👤

Name: Datum:

Selbsteinschätzungsbogen

Rund um das Abc

Aufgaben	Schwierigkeitsgrad	Fällt mir schwer! Ich brauche Hilfe.	Geht so. Ich muss noch viel üben.	Gut! Zur Sicherheit mache ich noch eine Aufgabe.	Sehr gut! Ich helfe jedem, der noch Probleme mit der Aufgabe hat!
1 Das Abc sprechen und sortieren	★				
2 Körperteile nach dem Abc sortieren	★★				
3 Ab ins Bett – ein lustiges Abc-Gedicht	★				
4 Körperteile – Silben zu Wörtern zusammenfügen	★				
5 Lustige Abc-Sätze lesen und verstehen	★★				
6 Außergewöhnliche Kinder beschreiben	★★★				

Name: Datum:

1 Das Abc sprechen und sortieren

O o 	**B b** 	**Q q** 
U u 	**L l** 	**K k** 
G g 	**D d** 	**H h** 
X x 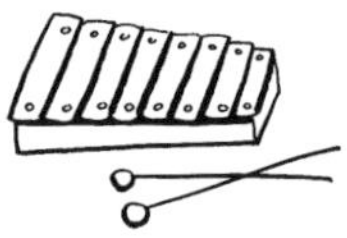	**Z z** 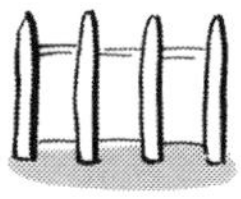	**M m** 
J j 	**C c** 	**S s** 
V v 	**R r** 	**Y y** 
A a 	**E e** 	**T t** 
F f 	**I i** 	**N n** 
W w 	**P p** 	

1. Schneide die Karten aus und sortiere die Buchstaben nach dem Abc.

2. Sprich die Buchstaben und Gegenstände einem Partner vor.

Name: Datum:

2 Körperteile nach dem Abc sortieren ★★

der Arm	das Bein	der Rücken	der Ellenbogen
der Zahn	das Gesicht	das Knie	die Lippen
der Fuß	die Nase	das Ohr	die Hand
das Auge	die Schulter	die Haare	der Zeh
der Finger	der Mund	der Daumen	die Wangen

1. Schneide die Bildkarten aus.

2. Lege sie sortiert nach dem Abc vor dich hin.

3. Klebe sie auf.

4. Sprich die Wörter einem Partner vor.

5. Zu welchen Buchstaben fehlen Körperteile?

6. Finde weitere Körperteile zum Abc. Schreibe sie auf.

Name: Datum:

3 Ab ins Bett – ein lustiges Abc-Gedicht ★

Ab ins Bett!

ABCD – Ich habe Zahnweh!, ruft die Fee.

EFGH – Auf zum Zahnarzt – ist doch klar!

IJKL – Hol' die Schuhe, aber schnell!

MNOP – Die Fee schwebt über'n See.

QRST – Der Zahn, der tut so weh!

UVWX – Beim Zahnarzt ganz schön fix.

YZ – Raus den Zahn und ab ins Bett!

© Theo Doerfler

1. Lies das Gedicht leise durch.

2. Lies das Gedicht einem Partner vor.

3. Kannst du das Gedicht auswendig aufsagen?

4. Erfinde Bewegungen zum Gedicht.

4 Körperteile – Silben zu Wörtern zusammenfügen ★

die Na-	ger	der Fin-	das Au-
ge	se	der Na-	die Schul-
gel	ter	der Rü-	ne
die Zäh-	die Haa-	cken	re

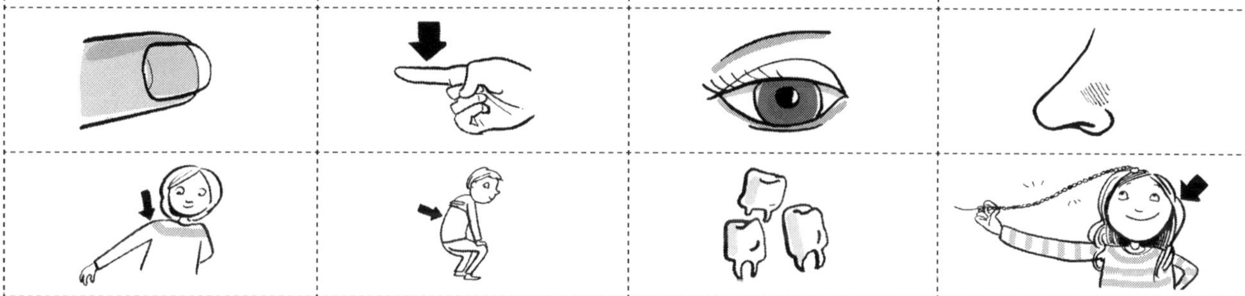

1. Schneide die Silben und Bilder aus.

2. Setze die Silben richtig zusammen. Die Bilder helfen dir, die Wörter zu finden.

3. Klebe die Silben und Bilder nebeneinander auf.

4. Schreibe die Wörter in dein Heft.

Name: Datum:

5 Lustige Abc-Sätze lesen und verstehen ★★

Berti badet seine beiden Beine im Bach.

Neben Nehir steht ein niedlicher Nasenbär mit einer langen Nase.

Das Zebra zeigt im Zoo seine Zähne.

Opa Otto hört auf beiden Ohren ohne Hörgerät.

Hakan hat am Hals eine helle Halskette.

Familie Färber hat zusammen fünfzig Finger.

1. Lies dir die Sätze leise durch.

2. Lies einem Partner die Sätze vor.

3. Unterstreiche in jedem Satz das Körperteil.

4. Schreibe die Sätze in dein Heft und male zu deinem Lieblingssatz ein passendes Bildchen.

Name: Datum:

6 Außergewöhnliche Kinder beschreiben ★★★

1. Beschreibe jedes Kind. Fange so an: „Das linke Kind hat …“
Das linke Kind hat …

Das rechte Kind hat …

Diese Satzteile können dir helfen:

eine lange Nase	sehr kurze Haare
zwei große Hände	große Füße
sehr lange Haare	große Ohren

2. Lies einem Kind deine Beschreibung vor.

3. Male die Kinder an.

Name: Datum:

1 Das Abc sprechen und sortieren ★

A a 	B b 	C c 
D d 	E e 	F f 
G g 	H h 	I i 
J j 	K k 	L l 
M n 	N n 	O o 
P p 	Q q 	R r 
S s 	T t 	U u 
V v 	W w 	X x 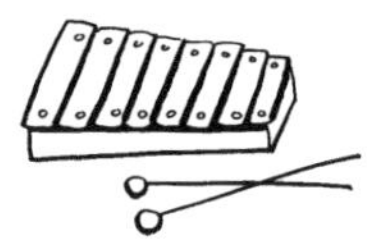
Y y 	Z z 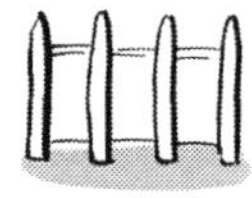	

1. Schneide die Karten aus und sortiere die Buchstaben nach dem Abc.

2. Sprich die Buchstaben und Gegenstände einem Partner vor.

Name: Datum:

2 Körperteile nach dem Abc sortieren ★★

der Arm	das Auge	das Bein	der Daumen
der Ellenbogen	der Finger	der Fuß	das Gesicht
die Haare	die Hand	das Knie	die Lippen
der Mund	die Nase	das Ohr	der Rücken
die Schulter	die Wangen	der Zahn	der Zeh

1. Schneide die Bildkarten aus.

2. Lege sie sortiert nach dem Abc vor dich hin.

3. Klebe sie auf.

4. Sprich die Wörter einem Partner vor.

5. Zu welchen Buchstaben fehlen Körperteile?
Lösung: C, I, J, P, Q, T, U, V, X, Y

6. Finde weitere Körperteile zum Abc. Schreibe sie auf.
Zum Beispiel: die Backen, der Hals, der Kopf, die Stirn, die Zunge

Name: Datum:

4 Körperteile – Silben zu Wörtern zusammenfügen ★

die Na-	se	
der Fin-	ger	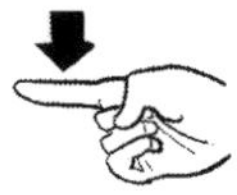
das Au-	ge	
der Na-	gel	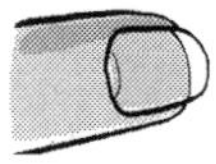
die Schul-	ter	
der Rü-	cken	
die Zäh-	ne	
die Haa-	re	

1. Schneide die Silben und Bilder aus.

2. Setze die Silben richtig zusammen. Die Bilder helfen dir, die Wörter zu finden.

3. Klebe die Silben und Bilder nebeneinander auf.

4. Schreibe die Wörter in dein Heft.

5 Lustige Abc-Sätze lesen und verstehen ★★

Berti badet seine beiden Beine im Bach.

Neben Nehir steht ein niedlicher Nasenbär mit einer langen Nase.

Das Zebra zeigt im Zoo seine Zähne.

Opa Otto hört auf beiden Ohren ohne Hörgerät.

Hakan hat am Hals eine helle Halskette.

Familie Färber hat zusammen fünfzig Finger.

1. Lies dir die Sätze leise durch.

2. Lies einem Partner die Sätze vor.

3. Unterstreiche in jedem Satz das Körperteil.

4. Schreibe die Sätze in dein Heft und male zu deinem Lieblingssatz ein passendes Bildchen.

Name: Datum:

6 Außergewöhnliche Kinder beschreiben ★★★

1. Beschreibe jedes Kind. Fange so an: „Das linke Kind hat …“

Das linke Kind hat …

sehr kurze Haare, große Ohren und

zwei große Hände.

Das rechte Kind hat …

eine lange Nase, sehr lange Haare und

große Füße.

Diese Satzteile können dir helfen:

eine lange Nase	sehr kurze Haare
zwei große Hände	große Füße
sehr lange Haare	große Ohren

2. Lies einem Kind deine Beschreibung vor.

3. Male die Kinder an.

Lerntheke 2
Im Klassenzimmer

Diese Lerntheke bietet unterschiedliche Möglichkeiten, Anlaute zu identifizieren. Außerdem steht das Silbenprinzip im Fokus. Die Schüler sollen ein Gespür für das Gliedern von Wörtern in Silben bekommen. Das Silbenprinzip ist in der deutschen Sprache eine wesentliche Grundlage, um das Schreiben und Lesen zu lernen. Der Wortschatz zum Themenfeld „Klassenzimmer“ wurde mit den oben genannten sprachlichen Aspekten verknüpft. Das Abc spielt erneut eine Rolle.

Übersicht

1 Wörter und Bilder zuordnen	Lesen und sprechen: Wortschatzarbeit zum Themenfeld „Klassenzimmer“.	★ | 👤 und 👥
2 Wörter lesen und nach dem Abc sortieren	Lesen und sprechen: Wörter aus dem behandelten Wortschatz dem Abc zuordnen.	★ | 👤 oder 👥
3 „Ein Tisch, ein Stuhl und DU!“	Lesen und sprechen: Ein kurzes Gedicht lesen und vortragen.	★★ | 👤, 👥 und 👥👤
4 Silben zu Wörtern zusammensetzen	Lesen und sprechen: Silben zu Wörtern aus dem Wortschatz „Klassenzimmer“ zusammenfügen.	★★ | 👤 oder 👥
5 Fragen lesen und verstehen	Lesen, verstehen und schreiben: Einfache Fragen lesen und Antworten aufschreiben.	★★ | 👤 oder 👥
6 Das verrückte Klassenzimmer	Schreiben: Einfache Sätze schreiben.	★★★ | 👤 und 👥

Name: Datum:

Selbsteinschätzungsbogen

Im Klassenzimmer

Aufgaben	Schwierigkeitsgrad	Fällt mir schwer! Ich brauche Hilfe.	Geht so. Ich muss noch viel üben.	Gut! Zur Sicherheit mache ich noch eine Aufgabe.	Sehr gut! Ich helfe jedem, der noch Probleme mit der Aufgabe hat!
1 Wörter und Bilder zuordnen	★				
2 Wörter lesen und nach dem Abc sortieren	★				
3 „Ein Tisch, ein Stuhl und DU!“	★★				
4 Silben zu Wörtern zusammensetzen	★★				
5 Fragen lesen und verstehen	★★				
6 Das verrückte Klassenzimmer	★★★				

Name: Datum:

1 Wörter und Bilder zuordnen ★

		der Schrank	das Mäppchen
	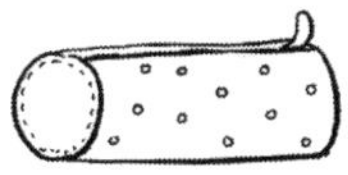	das Heft	der Stuhl
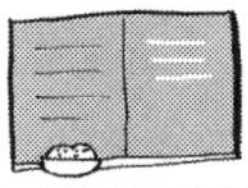	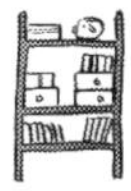	der Bleistift	das Waschbecken
	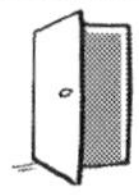	das Buch	der Tisch
		der Schulranzen	die Tafel
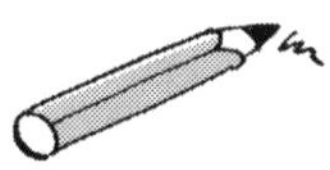		die Tür	das Regal

1. Schneide die Bilder und Wörter aus. Spiele mit einem anderen Kind das Spiel „Pärchen finden". Immer zwei Karten gehören zusammen.

2. Lege das richtige Wort neben jedes Bild. Klebe alle Bilder und Wörter auf.

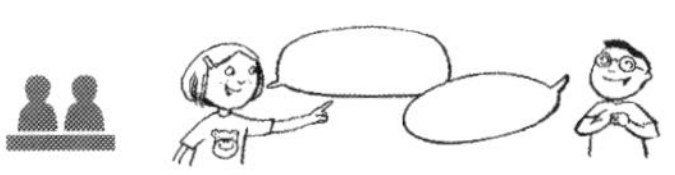

3. Legt zwischen euch das Bild vom Klassenzimmer. Ein Kind stellt eine Frage, das andere Kind antwortet. So: „Wo ist der Tisch?" „Da ist der Tisch."

Lerntheke 2

Name: ____________________ Datum: ____________________

2 Wörter lesen und nach dem Abc sortieren ★

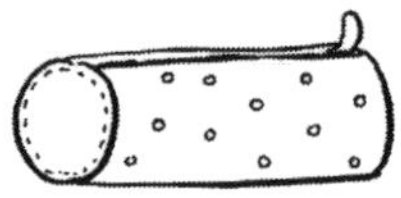 das Mäppchen	 das Lineal	 die Schere
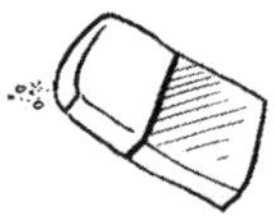 der Radiergummi	 das Heft	 der Kleber
 der Spitzer	 das Mathebuch	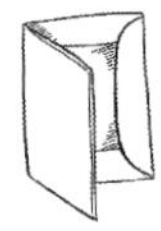 die Mappe
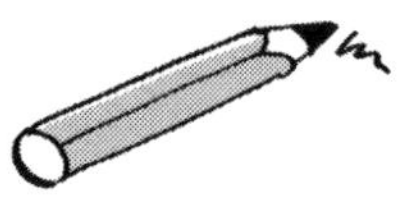 der Bleistift	 der Block	 die Trinkflasche
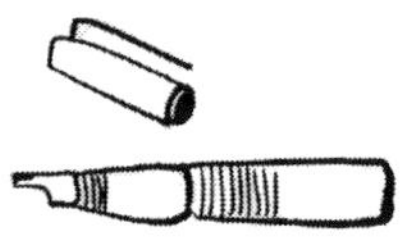 der Füller	 der Schulranzen	 die Pausendose

1. Schneide die Wortkarten auseinander und sortiere die Wörter nach dem Abc.

2. Suche einen Partner und lest euch die Wörter gegenseitig vor.

3. Suche einen Partner, der auch die Wortkarten hat. Spiele mit ihm das Spiel „Pärchen finden“. Immer zwei Karten gehören zusammen.

Name: Datum:

3 „Ein Tisch, ein Stuhl und DU!“ ★★

Ein Tisch, ein Stuhl

und DU!

Da die Tafel, da der Schrank,

Tür ZU!

Ranzen AUF,

Mäppchen RAUS,

Bleistift in die Hand!

Schreib mal LOS!

FEHLERLOS!

© Theo Doerfler

1. Lies dir das Gedicht leise durch.

2. Lies das Gedicht einem Partner vor.

3. Lerne das Gedicht auswendig und erfinde Bewegungen dazu.

4. Trage das Gedicht einem oder mehreren Kindern vor.

Name: Datum:

4 Silben zu Wörtern zusammensetzen ★★

der Blei-	chen
das Mäpp-	stift
die Ta-	gal
das Re-	sche
die Ti-	le
der Ran-	fel
der Spit-	zen
die Stüh-	zer

1. Verbinde immer zwei Silben zu einem Wort.

2. Schreibe die Wörter in dein Heft.

3. Schreibe die Wörter in Silben auf.

der Radiergummi	der Kleber	die Pinnwand	der Schulranzen
die Kreide	der Computer	der Buntstift	das Waschbecken

So: der Ra – dier – gum – mi.

4. Was gibt es noch im Klassenzimmer? Finde selbst noch vier Wörter. Schreibe deine Wörter in Silben auf.

Name: Datum:

5 Fragen lesen und verstehen ★★

1. Lies die Frage. Schaue auf das Bild. Schreibe eine Antwort auf.

Beispiel: *Wie viele Tische gibt es in dem Klassenzimmer?*
Es gibt fünf Tische in dem Klassenzimmer.

Wie viele Stühle gibt es?

Es gibt

Wie viele Kinder sind im Klassenzimmer?

Wie viele Schulranzen siehst du?

Wie viele Regale stehen im Klassenzimmer?

Wie viele Computer gibt es?

Name: Datum:

6 Das verrückte Klassenzimmer ★★★

1. Auf dem Bild siehst du ein verrücktes Klassenzimmer. Schreibe auf, was du siehst.

2. Lies einem anderen Kind deine Sätze vor.

Name: Datum:

1 Wörter und Bilder zuordnen ★

	der Stuhl		der Schulranzen
	der Tisch	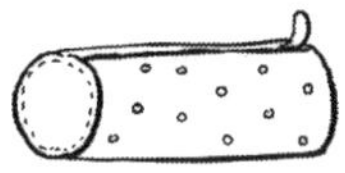	das Mäppchen
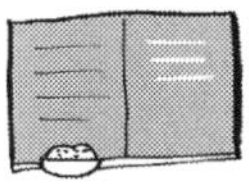	die Tafel	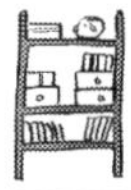	das Regal
	der Schrank	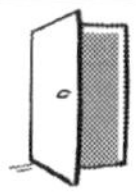	die Tür
	das Waschbecken		das Heft
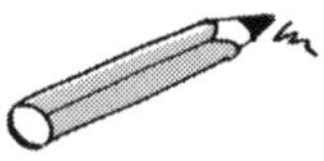	der Bleistift		das Buch

1. Schneide die Bilder und Wörter aus. Spiele mit einem anderen Kind das Spiel „Pärchen finden". Immer zwei Karten gehören zusammen.

2. Lege das richtige Wort neben jedes Bild. Klebe alle Bilder und Wörter auf.

3. Legt zwischen euch das Bild vom Klassenzimmer. Ein Kind stellt eine Frage, das andere Kind antwortet. So: „Wo ist der Tisch?" „Da ist der Tisch."

Name: Datum:

2 Wörter lesen und nach dem Abc sortieren ★

Anmerkung für Lehrkräfte:
Die richtige Reihenfolge der Wörter mit demselben Anfangsbuchstaben wird von den Schülern nicht unbedingt erwartet.

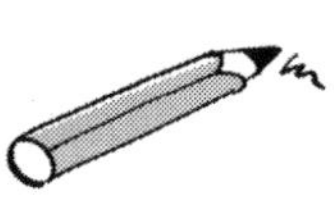 der Bleistift	 der Block	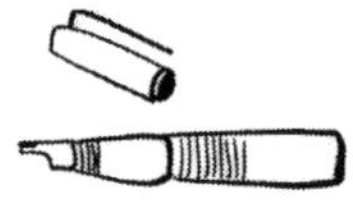 der Füller
 das Heft	 der Kleber	 das Lineal
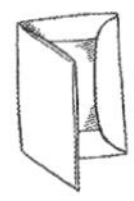 die Mappe	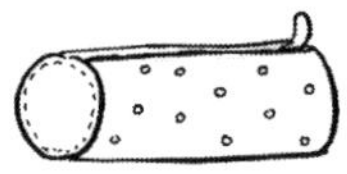 das Mäppchen	 das Mathebuch
 die Pausendose	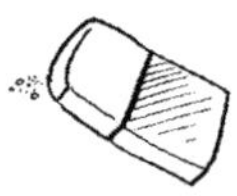 der Radiergummi	 die Schere
 der Schulranzen	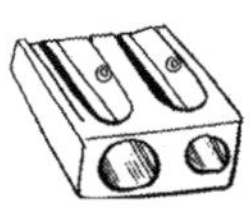 der Spitzer	 die Trinkflasche

1. Schneide die Wortkarten auseinander und sortiere die Wörter nach dem Abc.

2. Suche einen Partner und lest euch die Wörter gegenseitig vor.

3. Suche einen Partner, der auch die Wortkarten hat. Spiele mit ihm das Spiel „Pärchen finden“. Immer zwei Karten gehören zusammen.

Name: Datum:

4 Silben zu Wörtern zusammensetzen

der Blei-	chen
das Mäpp-	stift
die Ta-	gal
das Re-	sche
die Ti-	le
der Ran-	fel
der Spit-	zen
die Stüh-	zer

Na- se

1. Verbinde immer zwei Silben zu einem Wort.

2. Schreibe die Wörter in dein Heft.
der Bleistift, das Mäppchen, die Tafel, das Regal, die Tische, der Ranzen, der Spitzer, die Stühle

3. Schreibe die Wörter in Silben auf.
So: Ra - dier - gum - mi.
Kle-ber, Pinn-wand, Schul-ran-zen, Krei-de
Com-pu-ter, Bunt-stift, Wasch-be-cken

4. Was gibt es noch im Klassenzimmer? Finde selbst noch vier Wörter. Schreibe deine Wörter in Silben auf.
Z.B.: das Fens-ter, der Pa-pier-korb,
das Pos-ter, der Schrank, die Schub-la-de

Lösungen – Lerntheke 2

Name: Datum:

5 Fragen lesen und verstehen ★★

Lösungen – Lerntheke 2

1. Lies die Frage. Schaue auf das Bild. Schreibe eine Antwort auf.

Beispiel: *Wie viele Tische gibt es in dem Klassenzimmer?*
Es gibt fünf Tische in dem Klassenzimmer.

Wie viele Stühle gibt es?

Es gibt zehn Stühle in dem Klassenzimmer.

Wie viele Kinder sind im Klassenzimmer?

Es sind fünf Kinder im Klassenzimmer.

Wie viele Schulranzen siehst du?

Es gibt sieben Schulranzen im Klassenzimmer. Oder:

Ich sehe sieben Schulranzen im Klassenzimmer.

Wie viele Regale stehen im Klassenzimmer?

Es stehen zwei Regale im Klassenzimmer.

Wie viele Computer gibt es?

Es gibt drei Computer im Klassenzimmer.

Name: Datum:

6 Das verrückte Klassenzimmer ★★★

1. Auf dem Bild siehst du ein verrücktes Klassenzimmer.
   Schreibe auf, was du siehst.

Zum Beispiel: Ein Affe hängt an der Lampe.
Eine Schlange schlängelt sich über die Tafel.
Ein Elefant sitzt auf einem Stuhl. Ein Bär steht
am Fenster und hat einen Schulranzen auf
dem Rücken. Aus einem Schulranzen schaut
eine Katze heraus. Auf einem Regal sitzt ein
Papagei. In einem großen Topf wächst eine
Palme. Ein Frosch liest in einem Buch.

2. Lies einem anderen Kind deine Sätze vor.

Lerntheke 3
Tiere, Tiere und nochmal Tiere

Diese Lerntheke nimmt den Wortschatz „Tiere“ in den Blick. Dieses Mal wird das Silbenprinzip mit den Namen von Tieren verbunden. Der Begriff „Nomen“ sowie deren Eigenschaften sollten den Schülern bekannt sein. Weiterhin spielen Reimwörter und Reimsätze eine Rolle. Die Schüler sollen nach unterschiedlichen Mustern sinnvolle Sätze bilden. Es werden außerdem eine Reihe kurzer Texte angeboten. Lesen und Textverständnis rücken damit stärker in den Fokus. Außerdem sollen die Schüler vermehrt eigene kurze Texte verfassen. Auch hierfür werden Muster angeboten.

Übersicht

1 Fuchs und Löwe treffen Möwe	Lesen und sprechen: Wortschatzarbeit zum Thema „Tiere“.	★ | 👤 und 👤👤
2 Tiernamen und ihre Silben	Lesen und sprechen: Wörter aus dem behandelten Wortschatz nach Anzahl der Silben gliedern.	★ | 👤 oder 👤👤
3 Ein Tiergedicht lesen und umdichten	Lesen, sprechen und schreiben: Ein Tiergedicht lesen, vortragen und verändern.	★★ | 👤 und 👤👤
4 Tierrätsel lesen und verstehen	Lesen und verstehen: Kurze Texte lesen und den Inhalt verstehen und zuordnen.	★★ | 👤 und 👤👤
5 Mein Tierrätsel	Schreiben: Selbst ein einfaches Rätsel verfassen.	★★★ | 👤 und 👤👤
6 Lustige Reimsätze mit Tieren schreiben	Schreiben: Reimwörter finden und einfache Sätze bilden.	★★★ | 👤 und 👤👤

Name: Datum:

Selbsteinschätzungsbogen

Tiere, Tiere und nochmal Tiere

Aufgaben	Schwierigkeitsgrad	Fällt mir schwer! Ich brauche Hilfe.	Geht so. Ich muss noch viel üben.	Gut! Zur Sicherheit mache ich noch eine Aufgabe.	Sehr gut! Ich helfe jedem, der noch Probleme mit der Aufgabe hat!
1 Fuchs und Löwe treffen Möwe	★				
2 Tiernamen und ihre Silben	★				
3 Ein Tiergedicht lesen und umdichten	★★				
4 Tierrätsel lesen und verstehen	★★				
5 Mein Tierrätsel	★★★				
6 Lustige Reimsätze mit Tieren schreiben	★★★				

Name: Datum:

1 Fuchs und Löwe treffen Möwe ★

	die Ziege		der Affe
	der Fuchs		die Möwe
	der Papagei		die Giraffe
	der Luchs		der Hai
	die Fliege		das Känguru
	der Löwe		das Gnu

1. Schneide die Tierbilder und Wörter auseinander.

2. Spiele mit einem anderen Kind das Spiel „Pärchen finden“.
Immer zwei Karten gehören zusammen.

3. Immer zwei Tiere reimen sich. Finde sie und schreibe sie auf.
So: der Löwe – die Möwe

Lerntheke 3

Name: Datum:

2 Tiernamen und ihre Silben ★

das Känguru ♦ der Löwe ♦ die Giraffe ♦ der Fuchs ♦ das Pferd ♦ die Möwe ♦ der Affe ♦ das Nilpferd ♦ die Fledermaus ♦ die Kuh ♦ die Maus ♦ das Krokodil

1. Ordne die Tiere nach der Anzahl der Silben in die Tabelle ein.

eine Silbe	zwei Silben	drei Silben
	der Lö-we	

2. Schreibe sechs lustige Fantasietiere auf. Zeichne eines deiner Tiere. So: Krokomaus oder Fledermaus

So sieht mein Fantasietier aus:

Name: Datum:

3 Ein Tiergedicht lesen und umdichten ★★

Gestern saß eine Fliege.
WO?
Natürlich auf der Ziege.
UND?
Die Ziege schimpfte.
Die Fliege summte.
WOHIN?
An den Strand.
UND?
Verschwand! © Theo Doerfler

1. Lies das Gedicht leise durch.

2. Lies das Gedicht einem anderen Kind vor.

3. Setze zwei andere Tiere für „Ziege“ und „Fliege“ ein. So:
Gestern saß ein **Affe**.
WO?
Natürlich auf der **Giraffe**.
UND?
Die **Giraffe** schimpfte.
Der **Affe** hüpfte.
WOHIN?
An den Strand.
UND?
Verschwand!

4. Schreibe dein Gedicht auf.

Name: Datum:

4 Tierrätsel lesen und verstehen ★★

Das Tier ist groß und grau. Es lebt in Afrika oder in Indien. Manche Menschen reiten auf dem Tier.		Das Tier kann sehr lang sein. Es kriecht auf dem Boden. Es hat Giftzähne und kann sehr gefährlich sein.	
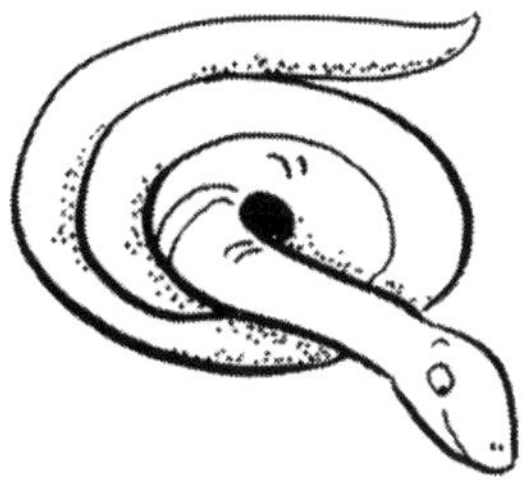	Das Tier hat ein sehr großes Maul und viele scharfe Zähne. Es lebt in Flüssen in Afrika, Asien oder auch Südamerika.		Das Tier jagt andere Tiere. Es lebt im Dschungel und hat Streifen auf seinem Fell. Manchmal gibt es das Tier auch im Zoo.
Das Tier sieht fast wie ein Pferd aus. Es ist weiß und hat schwarze Streifen. Es lebt in Afrika.		Das Tier fliegt und jagt in der Nacht. Es ist schwarz. Am Tag schläft es in einer dunklen Höhle.	

1. Schneide die Tiere und Texte auseinander.

2. Immer ein Tier und ein Rätsel gehören zusammen.
   Finde die Paare und klebe sie auf.

3. Vergleiche deine Ordnung mit dem Lösungsblatt.

4. Schreibe zu einem Tier ein eigenes Rätsel auf.

Lerntheke 3

Name: Datum:

5 Mein Tierrätsel ★★★

stark, brüllt, Afrika, eine Mähne, jagt Antilopen

bellt, braun oder schwarz, Leine, Haustier

langer Hals, Afrika, frisst Blätter, Muster auf dem Fell, kann mit den Beinen ausschlagen

lebt im Meer, kann sehr groß werden, frisst andere Fische, gefährlich

1. Hier siehst du vier Tiere. Wähle ein Tier aus und schreibe ein eigenes Rätsel. Die Wörter helfen dir.

2. Lies einem anderen Kind dein Rätsel vor.

Name: Datum:

6 Lustige Reimsätze mit Tieren schreiben ★ ★ ★

die Fledermaus

die Reise

das Krokodil

der Floh

die Katzen

der Hund

rund und bunt

die Giraffe

das Hühnerei

das Haus

der Fisch

die Ameise

das Känguru

der Papagei

der Zoo

der Affe

der Nil

der Tisch

der Schuh

schmatzen

1. Suche immer zwei Reimwörter und schreibe sie auf.
   So: der Tisch – der Fisch

2. Schreibe zu jedem Reimwortpaar einen Satz.
   So: Der Fisch sitzt am Tisch. Oder: Der Affe reitet auf der Giraffe.

3. Suche dir einen Partner. Lest euch eure Sätze gegenseitig vor.

Name: Datum:

1 Fuchs und Löwe treffen Möwe ★

	der Löwe		die Möwe
	der Affe		die Giraffe
	der Papagei		der Hai
	die Fliege		die Ziege
	der Fuchs		der Luchs
	das Känguru		das Gnu

Lösungen – Lerntheke 3

1. Schneide die Tierbilder und Wörter auseinander.

2. Spiele mit einem anderen Kind das Spiel „Pärchen finden".
   Immer zwei Karten gehören zusammen.

3. Immer zwei Tiere reimen sich. Finde sie und schreibe sie auf.
   So: der Löwe – die Möwe

der Affe – die Giraffe, der Papagei – der Hai,
die Fliege – die Ziege, der Fuchs – der Luchs,
das Känguru – das Gnu

Name: Datum:

2 Tiernamen und ihre Silben ★

das Känguru ♦ der Löwe ♦ die Giraffe ♦ der Fuchs ♦ das Pferd ♦
die Möwe ♦ der Affe ♦ das Nilpferd ♦ die Fledermaus ♦ die Kuh ♦
die Maus ♦ das Krokodil

1. Ordne die Tiere nach der Anzahl der Silben in die Tabelle ein.

eine Silbe	zwei Silben	drei Silben
der Fuchs	der Lö-we	das Kän-gu-ru
das Pferd	die Mö-we	die Gi-raf-fe
die Kuh	der Af-fe	die Fle-der-maus
die Maus	das Nil-pferd	das Kro-ko-dil

Lösungen – Lerntheke 3

2. Schreibe sechs lustige Fantasietiere auf. Zeichne eines deiner
   Tiere. So: Krokomaus oder Flederkuh

So sieht mein Fantasietier aus:

Name: Datum:

3 Ein Tiergedicht lesen und umdichten ★★

Beispiele für Gedichte mit anderen Tieren:

Gestern saß ein Papagei.
WO?
Natürlich auf dem Hai.
UND?
Der Hai tauchte.
Der Papagei sauste.
WOHIN?
An den Strand.
UND?
Verschwand!

Gestern saß eine Libelle.
WO?
Natürlich auf der Gazelle.
UND?
Die Gazelle bebte.
Die Libelle schwebte.
WOHIN?
An den Strand.
UND?
Verschwand!

Lösungen – Lerntheke 3

Name: Datum:

4 Tierrätsel lesen und verstehen ★★

Das Tier ist groß und grau. Es lebt in Afrika oder in Indien. Manche Menschen reiten auf dem Tier.		Das Tier kann sehr lang sein. Es kriecht auf dem Boden. Es hat Giftzähne und kann sehr gefährlich sein.	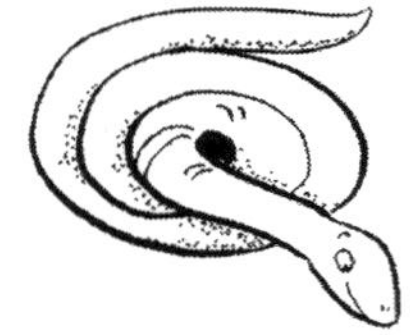
Das Tier hat ein sehr großes Maul und viele scharfe Zähne. Es lebt in Flüssen in Afrika, Asien oder auch Südamerika.		Das Tier jagt andere Tiere. Es lebt im Dschungel und hat Streifen auf seinem Fell. Manchmal gibt es das Tier auch im Zoo.	
Das Tier sieht fast wie ein Pferd aus. Es ist weiß und hat schwarze Streifen. Es lebt in Afrika.		Das Tier fliegt und jagt in der Nacht. Es ist schwarz. Am Tag schläft es in einer dunklen Höhle.	

1. Schneide die Tiere und Texte auseinander.

2. Immer ein Tier und ein Rätsel gehören zusammen.
   Finde die Paare und klebe sie auf.

3. Vergleiche deine Ordnung mit dem Lösungsblatt.

4. Schreibe zu einem Tier ein eigenes Rätsel auf.

Lösungen – Lerntheke 3

Name: Datum:

5 Mein Tierrätsel ★★★

stark, brüllt, Afrika, eine Mähne, jagt Antilopen

bellt, braun oder schwarz, Leine, Haustier

langer Hals, Afrika, frisst Blätter, Muster auf dem Fell, kann mit den Beinen ausschlagen

lebt im Meer, kann sehr groß werden, frisst andere Fische, gefährlich

1. Hier siehst du vier Tiere. Wähle ein Tier aus und schreibe ein eigenes Rätsel. Die Wörter helfen dir.

Das Tier ist stark. Es kann laut brüllen und lebt in Afrika. Es kann eine Mähne haben und jagt Antilopen.

Das Tier kann bellen. Man braucht eine Leine und es ist ein Haustier.

Das Tier hat einen langen Hals und lebt in Afrika. Es frisst Blätter und hat Muster auf dem Fell. Es kann mit den Beinen ausschlagen.

Das Tier lebt im Meer. Es kann sehr groß werden und frisst andere Fische. Manchmal ist es gefährlich.

Lösungen – Lerntheke 3

Name: Datum:

6 Lustige Reimsätze mit Tieren schreiben ★★★

die Fledermaus	das Haus	Die Fledermaus fliegt um das Haus.
der Affe	die Giraffe	Der Affe reitet auf der Giraffe.
der Hund	rund und bunt	Der Hund ist rund und bunt.
der Floh	der Zoo	Der Floh lebt schon lange im Zoo.
die Katzen	schmatzen	Die Katzen schmatzen beim Fressen.
das Krokodil	der Nil	Das Krokodil schwimmt im Nil.
die Ameise	die Reise	Die kleine Ameise macht eine große Reise.
der Fisch	der Tisch	Der Fisch sitzt am Tisch.
der Papagei	das Hühnerei	Der Papagei sitzt auf dem Hühnerei.
das Känguru	der Schuh	Das Känguru hat nur einen Schuh.

1. Suche immer zwei Reimwörter und schreibe sie auf.
   So: der Tisch – der Fisch

2. Schreibe zu jedem Reimwortpaar einen Satz.
   So: Der Fisch sitzt am Tisch. Oder: Der Affe reitet auf der Giraffe.

3. Suche dir einen Partner. Lest euch eure Sätze gegenseitig vor.

Lösungen – Lerntheke 3

Lerntheke 4

Lesen – Zeichnen – Schreiben

Diese Lerntheke befasst sich mit dem Wortschatz „Natur und Umwelt". Zusätzlich zu den Nomen sind auch die Verben und Adjektive (Gegensätze) von Bedeutung. In Übungen, in denen es um Nomen geht, steht der Plural im Mittelpunkt. Ein weiterer Schwerpunkt sind Wechselpräpositionen, die vor allem in der Alltagskommunikation eine große Rolle spielen. Die Schüler sollen immer häufiger nach unterschiedlichen Mustern sinnvolle Sätze bilden. Kurze eingängige Texte unterstützen das Lesetraining.

Übersicht

1 Ein großes Haus – ein Zaun und viele Bäume	Lesen, sprechen und schreiben: Wortschatzarbeit zum Themenfeld „Natur und Umwelt" und einfache Sätze bilden.	★★ | 👤 und 👥
2 Was siehst du?	Lesen, sprechen und schreiben: Kurze Sätze lesen und verstehen.	★★ | 👤
3 Große Wolke – kleine Wolke	Lesen, sprechen und schreiben: Kurze Sätze lesen und verstehen. Gegensatzpaare finden.	★★ | 👤 und 👥
4 Groß und klein – Gegenteile finden	Schreiben nach einem Muster: Kurze Sätze schreiben, Gegensätze finden.	★★★ | 👤 und 👥
5 Lesen und zeichnen	Kurze Texte lesen und verstehen.	★★★ | 👤
6 Das Hühnerei	Lesen und vortragen: Gedicht lesen und auswendig vortragen.	★★★ | 👤, 👥 und 👥👤

Name: Datum:

Selbsteinschätzungsbogen

Lesen – Zeichnen – Schreiben

Aufgaben	Schwierigkeitsgrad	Fällt mir schwer! Ich brauche Hilfe.	Geht so. Ich muss noch viel üben.	Gut! Zur Sicherheit mache ich noch eine Aufgabe.	Sehr gut! Ich helfe jedem, der noch Probleme mit der Aufgabe hat!
1 Ein großes Haus – ein Zaun und viele Bäume	★★				
2 Was siehst du?	★★				
3 Große Wolke – kleine Wolke	★★				
4 Groß und klein – Gegenteile finden	★★★				
5 Lesen und zeichnen	★★★				
6 Das Hühnerei	★★★				

Name: Datum:

1 Ein großes Haus – ein Zaun und viele Bäume ★★

das Haus	der Vogel	die Treppe	die Sonne
die Garage	der Baum	das Fahrrad	das Flugzeug
der Bus	das Auto	der Garten	die Schaukel
der Zaun	der Strauch	die Blumen	der Junge
das Dach	der Weg	der Himmel	das Mädchen
die Frau	das Tor	die Wolke	der Mann

1. Schreibe die Nomen in der Mehrzahl (Plural) auf.
So: das Haus – die Häuser. Oder: der Vogel – die Vögel.

2. Hier siehst du einige Adjektive.

groß	klein	lang	schnell
alt	jung	schön	gelb

Wähle acht Nomen aus und setze jedes mit zwei Adjektiven zusammen. So: Das Haus ist groß und schön. Oder: Das Auto ist gelb und schnell.

3. Lies einem anderen Kind deine Sätze vor.

4. Schneide die Karten aus. Spiele mit einem anderen Kind das Spiel „Pärchen finden“. Immer zwei Karten gehören zusammen.

Lerntheke 4

Name: Datum:

2 Was siehst du? ★★

- ☐ Ein Auto parkt neben dem Haus.
- ☐ Ein Junge steht neben dem Haus.
- ☐ Ein Mädchen steht neben dem Haus.

- ☐ Ein Flugzeug fliegt über das Haus.
- ☐ Eine Wolke schwebt über dem Haus.
- ☐ Ein Vogel fliegt über das Haus.

- ☐ Eine Blume sitzt auf einer Schaukel.
- ☐ Ein Mann sitzt auf einer Schaukel.
- ☐ Ein Mädchen sitzt auf einer Schaukel.

- ☐ In dem Auto sitzt eine Frau.
- ☐ In dem Auto sitzt ein Baum.
- ☐ In dem Zug sitzt eine Frau.

- ☐ Zwischen dem Haus und der Garage steht ein Fahrrad.
- ☐ Zwischen dem Haus und der Garage sitzt ein Junge.
- ☐ Zwischen dem Haus und der Garage steht ein Baum.

- ☐ Vor dem Zaun steht ein Baum.
- ☐ Vor dem Zaun wächst eine Blume.
- ☐ Vor dem Zaun steht ein Fahrrad.

1. Sieh dir die Bilder gut an und kreuze die richtige Antwort an.

2. Male selbst ein Bild und schreibe drei Sätze dazu.
Nur ein Satz davon ist richtig.

Lerntheke 4

Name: Datum:

3 Große Wolke – kleine Wolke

 Die Wolke ist **groß**.	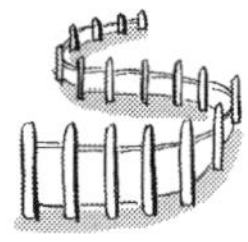 Der Zaun ist **lang**.	 Der Mann ist **dünn**.	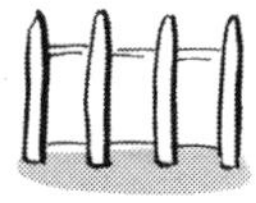 Der Zaun ist **kurz**.
 Das Eis ist **kalt**.	 Das Auto ist **alt**.	 Das Mädchen ist **schnell**.	 Der Weg ist **schmal**.
 Der Mann ist **dick**.	 Der Junge ist **langsam**.	 In der Nacht ist es **dunkel**.	 Das Auto ist **neu**.
 Am Tag ist es **hell**.	 Die Wolke ist **klein**.	 Die Sonne ist **heiß**.	 Die Straße ist **breit**.

1. Lies die Sätze zu den Bildern.

2. Schneide die Bilder auseinander. Immer zwei gehören zusammen. Male sie in der gleichen Farbe aus.

3. Spiele mit einem anderen Kind das Spiel „Pärchen finden“. Immer zwei Karten gehören zusammen.

Name: Datum:

4 Groß und klein – Gegenteile finden

klein 	groß 
langsam 	schnell 
dick 	dünn 
kurz 	lang 
rund 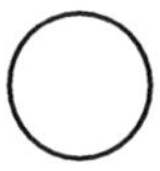	eckig 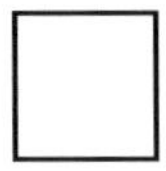

1. Schreibe Sätze auf. So: Das Auto ist klein. Der Bus ist groß.

2. Lies einem anderen Kind deine Sätze vor.

3. Finde immer das Gegenteil. Verbinde.

schwarz	spitz
sauber	dumm
stumpf	weiß
schlau	hässlich
kalt	dreckig
glatt	heiß
schön	rau

Lerntheke 4

Name: Datum:

5 Lesen und zeichnen ★★★

1. Lies den kurzen Text. Zeichne das Bild dazu.

Zeichne ein großes Haus in die Mitte. Rechts neben dem Haus steht ein dicker Baum. Links neben dem Haus steht ein altes Auto.

Zeichne eine schöne Blume in die Mitte. Über der Blume fliegt ein kleiner Vogel. Links neben dem Vogel ist eine kleine Wolke, rechts eine große. Die Sonne scheint.

Zeichne auf der linken Seite ein rotes Fahrrad. Auf dem Fahrrad sitzt ein fröhlicher Junge. Auf der rechten Seite steht ein dünner und hoher Baum. Unter dem Baum sitzt ein weißer Hund.

Name: Datum:

6 Das Hühnerei ★★★

In dem Auto,
auf dem Sitz,
zwischen Bruder und der Schwester,
liegt, oh wei –
ein Hühnerei!

Kugelt hin und her,
erst zur Schwester,
dann zum Bruder.

Plötzlich muss der Vater hupen.
Knacks –
es schlüpft ein Küken!

© Theo Doerfler

1. Lies das Gedicht leise durch.

2. Finde einen Partner. Lest euch das Gedicht gegenseitig vor.

3. Lerne das Gedicht auswendig. Trage es der Klasse vor.

Name: Datum:

1 Ein großes Haus – ein Zaun und viele Bäume ★★

1. Schreibe die Nomen in der Mehrzahl (Plural) auf.
So: das Haus – die Häuser. Oder: der Vogel – die Vögel.

das Haus	die Häuser	die Treppe	die Treppen
die Garage	die Garagen	das Fahrrad	die Fahrräder
der Bus	die Busse	der Garten	die Gärten
der Zaun	die Zäune	die Blume	die Blumen
das Dach	die Dächer	der Himmel	Es gibt nur einen Himmel.
die Frau	die Frauen	die Wolke	die Wolken
der Vogel	die Vögel	die Sonne	die Sonnen
der Baum	die Bäume	das Flugzeug	die Flugzeuge
das Auto	die Autos	die Schaukel	die Schaukeln
der Strauch	die Sträucher	der Junge	die Jungen
der Weg	die Wege	das Mädchen	die Mädchen
das Tor	die Tore	der Mann	die Männer

2. Hier siehst du einige Adjektive.

groß	klein	lang	schnell
alt	jung	schön	gelb

Wähle acht Nomen aus und setze jedes mit zwei Adjektiven zusammen.
So: Das Haus ist groß und schön.
Oder: Das Auto ist gelb und schnell.

Beispiele:

Der Bus ist lang und gelb.
Der Zaun ist lang und alt.
Die Frau ist jung und schön.
Der Garten ist groß und schön.
Die Blume ist klein und gelb.
Der Junge ist groß und schnell.

Lösungen – Lerntheke 4

Name: Datum:

2 Was siehst du? ★ ★

- [ ] Ein Auto parkt neben dem Haus.
- [x] Ein Junge steht neben dem Haus.
- [ ] Ein Mädchen steht neben dem Haus.

- [ ] Ein Flugzeug fliegt über das Haus.
- [ ] Eine Wolke schwebt über dem Haus.
- [x] Ein Vogel fliegt über das Haus.

- [ ] Eine Blume sitzt auf einer Schaukel.
- [ ] Ein Mann sitzt auf einer Schaukel.
- [x] Ein Mädchen sitzt auf einer Schaukel.

- [x] In dem Auto sitzt eine Frau.
- [ ] In dem Auto sitzt ein Baum.
- [ ] In dem Zug sitzt eine Frau.

- [ ] Zwischen dem Haus und der Garage steht ein Fahrrad.
- [ ] Zwischen dem Haus und der Garage sitzt ein Junge.
- [x] Zwischen dem Haus und der Garage steht ein Baum.

- [ ] Vor dem Zaun steht ein Baum.
- [ ] Vor dem Zaun wächst eine Blume.
- [x] Vor dem Zaun steht ein Fahrrad.

1. Sieh dir die Bilder gut an und kreuze die richtige Antwort an.

2. Male selbst ein Bild und schreibe drei Sätze dazu.
Nur ein Satz davon ist richtig.

Name: Datum:

3 Große Wolke – kleine Wolke ★★

 Die Wolke ist **groß**.	 Die Wolke ist **klein**.	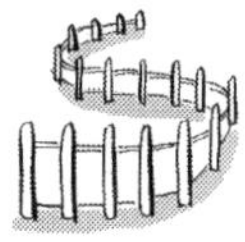 Der Zaun ist **lang.**	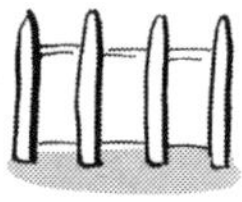 Der Zaun ist **kurz**.
 Das Eis ist **kalt.**	 Die Sonne ist **heiß**.	 Das Mädchen ist **schnell.**	 Der Junge ist **langsam**.
 Der Mann ist **dick**.	 Der Mann ist **dünn**.	 Das Auto ist **alt.**	 Das Auto ist **neu**.
 Am Tag ist es **hell.**	 In der Nacht ist es **dunkel**.	 Der Weg ist **schmal**.	 Die Straße ist **breit.**

Lösungen – Lerntheke 4

1. Lies die Sätze zu den Bildern.

2. Schneide die Bilder auseinander. Immer zwei gehören zusammen. Male sie in der gleichen Farbe aus.

3. Spiele mit einem anderen Kind das Spiel „Pärchen finden“. Immer zwei Karten gehören zusammen.

Name: Datum:

4 Groß und klein – Gegenteile finden ★★★

klein 	groß 
langsam 	schnell 
dick 	dünn 
kurz 	lang 
rund 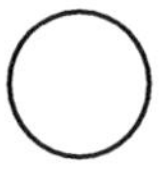	eckig 

1. Schreibe Sätze auf. So: Das Auto ist klein. Der Bus ist groß.

Die Schnecke ist langsam. Der Hase hoppelt schnell.

Das Kind ist dick. Das Kind ist dünn.

Der Stift ist kurz. Der Stift ist lang.

Der Kreis ist rund. Das Quadrat ist eckig.

3. Finde immer das Gegenteil. Verbinde.

schwarz	spitz
sauber	dumm
stumpf	weiß
schlau	hässlich
kalt	dreckig
glatt	heiß
schön	rau

Lösungen – Lerntheke 4

5 Lesen und zeichnen ★★★

1. Lies den kurzen Text. Zeichne das Bild dazu.

Zeichne ein großes Haus in die Mitte. Rechts neben dem Haus steht ein dicker Baum. Links neben dem Haus steht ein altes Auto.

Zeichne eine schöne Blume in die Mitte. Über der Blume fliegt ein kleiner Vogel. Links neben dem Vogel ist eine kleine Wolke, rechts eine große. Die Sonne scheint.

Zeichne auf der linken Seite ein rotes Fahrrad. Auf dem Fahrrad sitzt ein fröhlicher Junge. Auf der rechten Seite steht ein dünner und hoher Baum. Unter dem Baum sitzt ein weißer Hund.

Lerntheke 5

Fuß, Finger, Zeh, tun mir manchmal weh!

Diese Lerntheke bietet zwei kurze und eingängige Gedichte an, die zur generativen Textproduktion (Schreiben nach einem Muster) verwendet werden. Abgesehen vom Schreiben eigener Texte, rücken Sprachmelodie und Sprachrhythmus des Deutschen in Zusammenhang mit den Gedichten in den Mittelpunkt. Ideal ist es, wenn beide Gedichte in früheren Unterrichtsstunden von den Kindern auswendig gelernt wurden und die Lernthekenarbeit daran anschließt. Der verwendete Wortschatz beinhaltet Körperteile und passende Tätigkeiten (Verben). In den ersten Übungen steht die Wortschatzarbeit im Vordergrund. Anschließend können in Verbindung mit Verben kurze Sätze gebildet werden. Am Ende sollen die Kinder in Anlehnung an beide Gedichte ein oder mehrere eigene verfassen.

Übersicht

1 Körperdomino	Lesen und sprechen: Wortschatzarbeit zum Themenfeld „Körperteile“.	★ | 👤 und 👤👤
2 Was ich alles kann!	Lesen und schreiben: Wörter aus dem behandelten Wortschatz in Sätzen verwenden.	★★ | 👤
3 Alles tut so weh!	Lesen und sprechen: Ein Gedicht lesen und betont sprechen.	★★ | 👤 und 👤👤
4 Mein eigenes Gedicht – einfach	Schreiben und vorlesen: Ein eigenes kurzes Gedicht unter der Verwendung des gelernten Wortschatzes verfassen (nach Muster).	★★ | 👤 und 👤👤
5 Mein eigenes Gedicht – schwieriger	Schreiben und vorlesen: Ein eigenes kurzes Gedicht unter der Verwendung des gelernten Wortschatzes verfassen (nach Muster) und vortragen.	★★★ | 👤 und 👤👤👤

Name: Datum:

Selbsteinschätzungsbogen

Fuß, Finger, Zeh, tun mir manchmal weh!

Aufgaben	Schwierigkeitsgrad	Fällt mir schwer! Ich brauche Hilfe.	Geht so. Ich muss noch viel üben.	Gut! Zur Sicherheit mache ich noch eine Aufgabe.	Sehr gut! Ich helfe jedem, der noch Probleme mit der Aufgabe hat!
1 Körperdomino	★				
2 Was ich alles kann!	★★				
3 Alles tut so weh!	★★				
4 Mein eigenes Gedicht – einfach	★★				
5 Mein eigenes Gedicht – schwieriger	★★★				

1 Körperdomino ★

1. Schneide das Domino auseinander.

2. Lege es richtig zusammen.

3. Lies einem anderen Kind dein Domino vor.

Start		das Bein	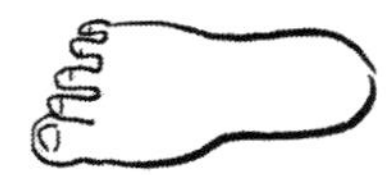	das Knie		das Ohr	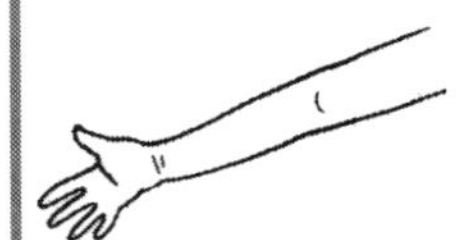
der Hals	**Ende**	der Kopf		der Fuß	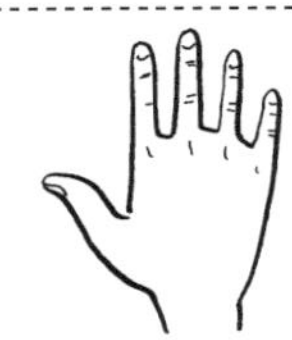	der Arm	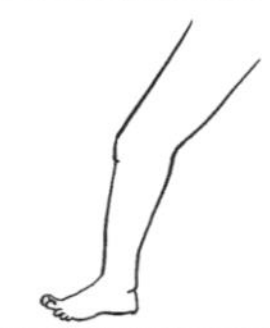
der Mund		das Auge		die Schulter	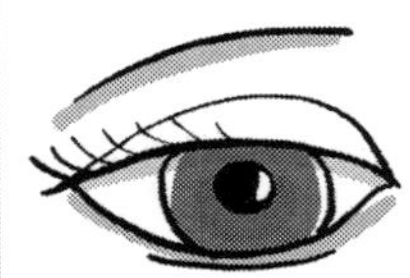	der Rücken	
die Nase		der Finger	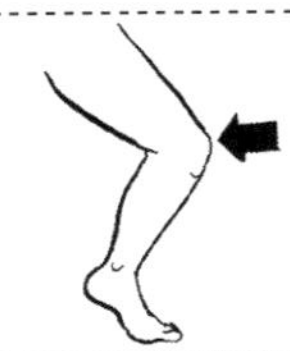	die Haare		die Hand	

Name: Datum:

2 Was ich alles kann!

Ich kann mit meiner Nase riechen.	Ich kann mit meinen Beinen und Füßen hüpfen.	Ich kann mit meinem Kopf denken.
Ich kann mit meinen Armen und Beinen schwimmen.	Ich kann mit meinen Fingern schreiben.	Ich kann mit meinem Mund sprechen.
Ich kann mit meinen Ohren hören.	Ich kann mit meinen Beinen rennen.	Ich kann mit meinen Armen werfen.

1. Schneide die Karten auseinander und ordne sie.

2. Klebe die Pärchen in dein Heft.

3. Schreibe die Sätze mit „du“ auf.
   So: Du kannst mit deinen Beinen rennen.

Lerntheke 5

Name: Datum:

3 Alles tut so weh! ★★

Beim Arzt

Meine Nase tut so weh!
Oh je!
Mein Kopf tut so weh!
Oh je, oh je!
Mein Bauch tut so weh!
Oh je, oh je, oh je!
Und erst mein Bein –
wie beim kranken Schwein
Oh je, oh je, oh jemine!

© Theo Doerfler

1. Lies dir das Gedicht allein durch.

2. Lies das Gedicht einem anderen Kind vor.

3. Wechselt euch beim Lesen zeilenweise ab.

Name: Datum:

4 Mein eigenes Gedicht – einfach ★★

1. Setze die Namen anderer Körperteile in das Gedicht ein.
   Schreibe dein Gedicht auf.

2. Lies einem anderen Kind dein Gedicht vor.

Beim Arzt

Mein ______ tut so weh!

Oh je!

Mein ______ tut so weh!

Oh je, oh je!

Mein ______ tut so weh!

Oh je, oh je, oh je!

Und erst mein Bein –

wie beim kranken Schwein!

Oh je, oh je, oh jemine!

Ich habe das Gedicht umgeschrieben. Mein Name ist:

______

Name: Datum:

5 Mein eigenes Gedicht – schwieriger ★★★

1. Setze die Namen anderer Körperteile in das Gedicht ein und suche ein passendes Tier, das sich auf den letzten Körperteil reimt. Schreibe dein Gedicht auf.

2. Lies dein Gedicht einem anderen Kind vor.

Beim Arzt

Mein __________ tut so weh!
Oh je!
Mein __________ tut so weh!
Oh je, oh je!
Mein __________ tut so weh!
Oh je, oh je, oh je!
Und erst __________ –
wie beim __________ !
Oh je, oh je, oh jemine!

Diese Reimpaare helfen dir:

Bein – Schwein	Mund – Hund	Zeh – Reh
Auge – wie bei der Taube	Kopf – Wiedehopf	Rücken – wie bei den Mücken

Name: Datum:

1 Körperdomino ★

1. Schneide das Domino auseinander.
2. Lege es richtig zusammen.
3. Lies einem anderen Kind dein Domino vor.

Start		der Kopf	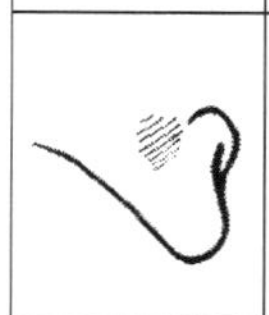	die Nase		das Ohr	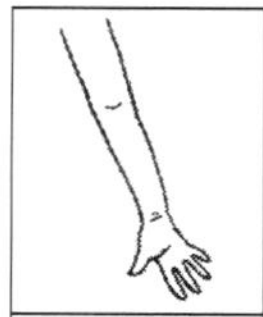
der Arm	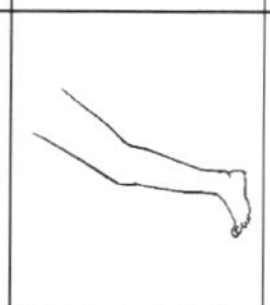	das Bein	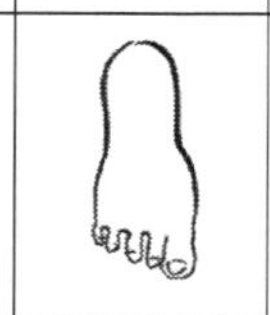	der Fuß	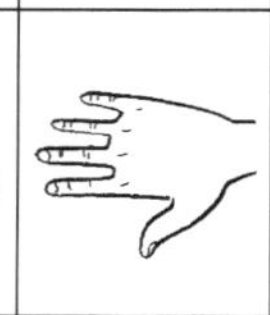	die Hand	
die Schulter	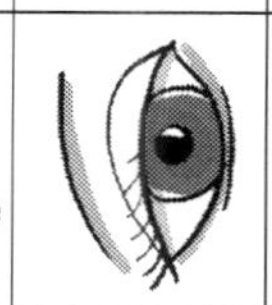	das Auge		der Mund		der Rücken	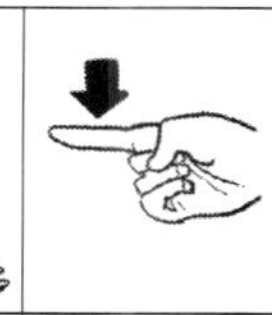
der Finger	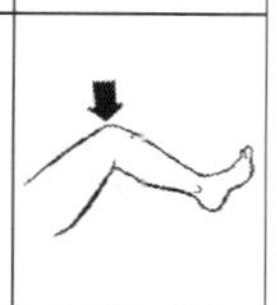	das Knie		die Haare		der Hals	**Ende**

Lösungen – Lerntheke 5

Name: Datum:

2 Was ich alles kann! ★★

 Ich kann mit meinen Beinen rennen.	 Ich kann mit meinen Armen und Beinen schwimmen.	 Ich kann mit meinen Armen werfen.
 Ich kann mit meinem Mund sprechen.	 Ich kann mit meiner Nase riechen.	 Ich kann mit meinen Ohren hören.
 Ich kann mit meinen Fingern schreiben.	 Ich kann mit meinem Kopf denken.	 Ich kann mit meinen Beinen und Füßen hüpfen.

3. Schreibe die Sätze mit „du“ auf.

So: Du kannst mit deinen Beinen rennen.
Du kannst mit deinen Armen und Beinen schwimmen.
Du kannst mit deinen Armen werfen.
Du kannst mit deinem Mund sprechen.
Du kannst mit deiner Nase riechen.
Du kannst mit deinen Ohren hören.
Du kannst mit deinen Fingern schreiben.
Du kannst mit deinem Kopf denken.
Du kannst mit deinen Beinen und Füßen hüpfen.

Lösungen – Lerntheke 5

Lerntheke 6

Melone, Zitrone oder Bohne?

Diese Lerntheke nimmt den Wortschatz „Obst und Gemüse“ in den Blick. Zum Teil wird auch der Wortschatz von weiteren üblichen Speisen bzw. Gerichten verwendet. Weiterhin kommen in der Beschreibung von Früchten und Gemüsesorten Adjektive zum Tragen. Die Schüler müssen einfache Satzteile zusammenfügen (eine Frucht/ein Gemüse und eine Eigenschaft). Durch das anschließende Verfassen eigener Beschreibungen lernen die Kinder weitere Satzmuster kennen und formulieren erste vollständige Sätze für eine eigene kleine Geschichte.

Übersicht

1 Obst und Gemüse – Bilder und Wörter	Lesen und sprechen: Wortschatzarbeit zum Themenfeld „Obst und Gemüse“.	★ | 👤
2 Was gehört zusammen?	Lesen, verstehen und schreiben: Text- und Bildzuordnungen bewältigen.	★ | 👤
3 Melone, Zitrone oder eine grüne Bohne?	Ein Gedicht lesen und vortragen. Reime finden.	★★ | 👤, 👥 und 👥👤
4 Banane oder Karotte?	Lesen und verstehen: Text- und Bildzuordnungen bewältigen.	★★ | 👤 und 👥
5 Mein Rätsel	Schreiben nach einem Muster: Adjektive in Beschreibungen verwenden.	★★★ | 👤 oder 👥
6 Ein kleiner Wurm hat großen Hunger!	Eine Geschichte nach einem Muster weiterschreiben.	★★★ | 👤

Name: Datum:

Selbsteinschätzungsbogen

Melone, Zitrone oder Bohne?

Aufgaben	Schwierigkeitsgrad	Fällt mir schwer! Ich brauche Hilfe.	Geht so. Ich muss noch viel üben.	Gut! Zur Sicherheit mache ich noch eine Aufgabe.	Sehr gut! Ich helfe jedem, der noch Probleme mit der Aufgabe hat!
1 Obst und Gemüse – Bilder und Wörter	★				
2 Was gehört zusammen?	★				
3 Melone, Zitrone oder eine grüne Bohne?	★★				
4 Banane oder Karotte?	★★				
5 Mein Rätsel	★★★				
6 Ein kleiner Wurm hat großen Hunger!	★★★				

Lerntheke 6

Name: Datum:

1 Obst und Gemüse – Bilder und Wörter ★

die Banane	der Apfel	die Ananas	die Kirschen
die Orange	die Birne	die Weintrauben	die Pflaume
die Karotte	die Gurke	die Kartoffeln	die Paprika
die Tomate	die Zwiebel	der Salat	die Zucchini

1. Schneide die Bild- und Wortkarten auseinander.

2. Klebe immer ein Bild und das passende Wort nebeneinander auf.

Name: Datum:

2 Was gehört zusammen? ★

 Die Banane ist	 Die Karotte ist	 Die Tomate ist
 Die Ananas ist	 Die Paprika ist	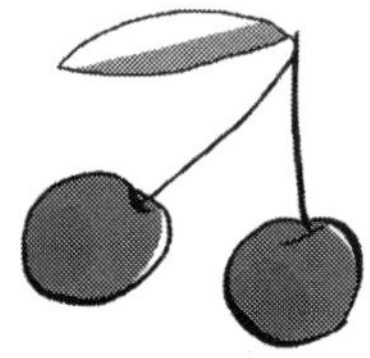 Die Kirschen sind
rund und süß.	lang und orange.	schwer und stachelig.
rund und rot.	grün, rot oder gelb.	lang und gelb.

1. Schneide die Kärtchen auseinander.

2. Immer zwei Karten gehören zusammen.
   Klebe die Kärtchen nebeneinander auf.

3. Schreibe die Sätze auf.

Lerntheke 6

Name: Datum:

3 Melone, Zitrone oder eine grüne Bohne? ★★

Melone, Zitrone,
eine grüne Bohne
oder Eis mit Sahne?
Mmmh, lecker!

Tomate, Banane
oder frische Salate?

Mmmh, lecker, lecker!

Schokolade
oder süße Marmelade?

Mmmh, lecker, lecker, lecker!

© Theo Doerfler

1. Lies das Gedicht leise durch.

2. Lies einem anderen Kind das Gedicht vor.

3. Trage das Gedicht vor.

Name: Datum:

4 Banane oder Karotte? ★★

	Es ist ein Gemüse. Es ist lang und dünn. Das Gemüse braucht man für einen Salat.
	Es ist eine Frucht. Sie ist rund und orange. Die Frucht ist süß.
	Es ist ein Gemüse. Es ist lang, dünn und orange. Das Gemüse kann man kochen.
	Es ist eine Frucht. Sie ist lang und gelb. Die Frucht ist süß.
	Es ist eine Frucht. Sie kann grün oder rot sein. Die Frucht schmeckt süß.
	Es ist ein Gemüse. Es ist rundlich und braun. Das Gemüse kann man kochen.

1. Schneide die Bilder und Beschreibungen auseinander.

2. Immer ein Bild und eine Beschreibung gehören zusammen. Klebe sie nebeneinander auf.

3. Lies einem Partner die Beschreibungen vor.

Lerntheke 6

Name: Datum:

5 Mein Rätsel ★★★

1. Schreibe ein eigenes Rätsel zu einem Gemüse oder einer Frucht.

Es ist ein/e ______________ .

(Frucht oder Gemüse)

Sie schmeckt ______________ und ist ______________ .

(Geschmack) (Farbe)

Sie beginnt mit dem Buchstaben ____ .

Es ist ein/e ______________ .

(Frucht oder Gemüse)

Sie schmeckt ______________ und ist ______________ .

(Geschmack) (Farbe)

Sie beginnt mit dem Buchstaben ____ .

2. Schreibe ein eigenes Rätsel.

____

____

____

Name: Datum:

6 Ein kleiner Wurm hat großen Hunger! ★★★

Kennst du den kleinen Wurm Willibald?

Am Montag frisst er
eine Banane.
Am Dienstag frisst er
zwei Erdbeeren.
Am Mittwoch frisst er
drei Äpfel.
Am Donnerstag frisst er
vier Orangen.
Am Freitag frisst er
fünf Birnen.
Jetzt ist er dick und rund.
Am Samstag schläft er aus!
Am Sonntag geht er wieder raus!

© Theo Doerfler

1. Schreibe auf, wie es weitergeht!

Am ______ frisst er ______.

Am ______ frisst er ______.

Am ______ frisst er ______.

Am ______ frisst er ______.

Am ______ frisst er ______.

Jetzt ist er dick und rund.
Am Samstag schläft er aus!
Am Sonntag geht er wieder raus!

Lerntheke 6

Name: Datum:

1 Obst und Gemüse – Bilder und Wörter ★

	die Banane		die Ananas
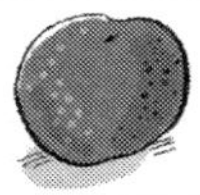	die Orange		die Weintrauben
	die Karotte		die Kartoffeln
	die Tomate		der Salat
	der Apfel		die Kirschen
	die Birne		die Pflaume
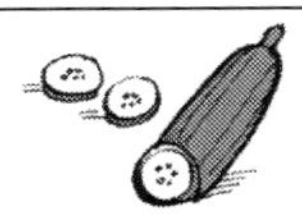	die Gurke		die Paprika
	die Zwiebel	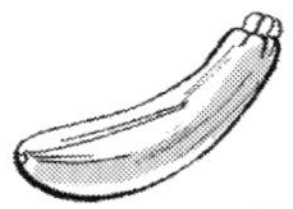	die Zucchini

1. Schneide die Bild- und Wortkarten auseinander.
2. Klebe immer ein Bild und das passende Wort nebeneinander auf.

Lösungen – Lerntheke 6

Name: Datum:

2 Was gehört zusammen? ★

 Die Banane ist	lang und gelb.
 Die Ananas ist	schwer und stachelig.
 Die Karotte ist	lang und orange.
 Die Paprika ist	grün, rot oder gelb.
 Die Kirschen sind	rund und süß.
 Die Tomate ist	rund und rot.

Lösungen – Lerntheke 6

4 Banane oder Karotte? ★★

	Es ist eine Frucht. Sie ist lang und gelb. Die Frucht ist süß.
	Es ist ein Gemüse. Es ist lang und dünn. Das Gemüse braucht man für einen Salat.
	Es ist eine Frucht. Sie ist rund und orange. Die Frucht ist süß.
	Es ist ein Gemüse. Es ist lang, dünn und orange. Das Gemüse kann man kochen.
	Es ist ein Gemüse. Es ist rundlich und braun. Das Gemüse kann man kochen.
	Es ist eine Frucht. Sie kann grün oder rot sein. Die Frucht schmeckt süß.

1. Schneide die Bilder und Beschreibungen auseinander.
2. Immer ein Bild und eine Beschreibung gehören zusammen. Klebe sie nebeneinander auf.
3. Lies einem Partner die Beschreibungen vor.

Lösungen – Lerntheke 6

5 Mein Rätsel ★★★

1. Schreibe ein eigenes Rätsel zu einem Gemüse oder einer Frucht.

Es ist eine Frucht.
(Frucht oder Gemüse)

Sie schmeckt sauer und ist gelb.
(Geschmack) (Farbe)

Sie beginnt mit dem Buchstaben Z.

Es ist eine Frucht.
(Frucht oder Gemüse)

Sie schmeckt süß und ist rot.
(Geschmack) (Farbe)

Sie beginnt mit dem Buchstaben E.

2. Schreibe ein eigenes Rätsel.

Es ist ein Gemüse.
Es schmeckt würzig und ist braun.
Es beginnt mit dem Buchstaben P.

Lösungen – Lerntheke 6

Lerntheke 7

Hüpfen wie ein Floh!

Die Aufgaben dieser Lerntheke beschäftigen sich hauptsächlich mit der Wortart der Verben. Dabei geht es vorrangig um Verben, die die Kinder für die Beschreibung alltäglicher Aktivitäten benötigen. Dass Verben sich je nach Person und Zeit verändern können, wird nicht explizit thematisiert. Allerdings ist auch eine Übung enthalten, in der die Schüler durch den Einsatz einer unterschiedlichen Anzahl von Personen die korrekte Personalform bilden sollen. Inwieweit diese grammatikalischen Einsichten im Laufe der Lernthekenarbeit gezielt aufgegriffen werden, richtet sich nach dem Sprachstand der einzelnen Kinder. Häufig erfahren Schüler mit guten bis sehr guten Fortschritten im Zweitspracherwerb mithilfe von systematischen Konjugationsübungen durchaus sinnvolle Unterstützung. Grundsätzlich sind die angebotenen Übungen dazu geeignet, ein erstes Sprachgefühl bezüglich Verben aufzubauen und gehen deshalb eher von einem expliziten Lernen aus.

Übersicht

1 Was ich alles tun kann!	Lesen und sprechen: Häufig verwendete Verben aus Alltagssituationen gezielt lernen.	★ | 👤 und 👤👤
2 Julia spielt mit dem Ball	Lesen und sprechen: Verben in kurzen Sätzen und passenden Kontexten verwenden.	★ | 👤 und 👤👤
3 Wenn der Tag beginnt	Schreiben: Einen kurzen Tagesablauf nach einem Muster aufschreiben.	★★ | 👤 oder 👤👤
4 Ich, du, er/sie/es – wir rennen!	Schreiben und lesen: Verben beugen (Personalformen). Was verändert sich bei den Verben (Wortstamm und Endungen)?	★★★ | 👤 und 👤👤
5 Hüpfen wie ein Floh!	Lesen, verstehen und schreiben: Verben in Verbindung mit Tieren verwenden.	★★★ | 👤 und 👤👤

Name: Datum:

Selbsteinschätzungsbogen

Hüpfen wie ein Floh!

Aufgaben	Schwierigkeitsgrad	Fällt mir schwer! Ich brauche Hilfe.	Geht so. Ich muss noch viel üben.	Gut! Zur Sicherheit mache ich noch eine Aufgabe.	Sehr gut! Ich helfe jedem, der noch Probleme mit der Aufgabe hat!
1 Was ich alles tun kann!	★				
2 Julia spielt mit dem Ball	★				
3 Wenn der Tag beginnt	★★				
4 Ich, du, er/sie/es – wir rennen!	★★★				
5 Hüpfen wie ein Floh!	★★★				

Name: Datum:

1 Was ich alles kann! ★

rennen 	hüpfen 	aufstehen 
Zähne putzen 	essen 	schreiben 
laufen 	sprechen 	spielen 
lesen 	fahren 	trinken 
schlafen 	malen 	schwimmen 

1. Schneide die Bilder auseinander.

2. Suche dir ein anderes Kind und lies ihm die Wörter auf den Bildern vor.

3. Spiele mit einem anderen Kind das Spiel „Pärchen finden“. Immer ein Bild und ein Satz von Arbeitsblatt 2 gehören zusammen. Nur wer die Wörter richtig liest, bekommt das Pärchen!

Name: Datum:

2 Julia spielt mit dem Ball ★

Ahmet rennt zum Bus.	Tina hüpft über das Seil.	Alexander steht am Morgen auf.
Hakan putzt in der Früh seine Zähne.	Leyla isst ein Brot.	Esma schreibt in ihr Heft.
Baran läuft zur Schule.	Kilian spricht mit Hannah.	Julia spielt mit dem Ball.
Malik liest ein spannendes Buch.	Fatma fährt mit dem Roller zur Schule.	Boran trinkt einen Apfelsaft.
Lisa schläft in ihrem Bett.	Dominik malt ein schönes Bild.	Paula schwimmt im Schwimmbad hin und her.

1. Schneide die Sätze auseinander.

2. Immer ein Satz und ein Bild von Arbeitsblatt 1 passen zusammen. Klebe sie nebeneinander auf.

3. Suche dir einen Partner und lest euch gegenseitig die Sätze vor.

Lerntheke 7

Name: Datum:

3.1 Wenn der Tag beginnt ★★

Name: Datum:

3.2 Wenn der Tag beginnt ★ ★

1. Was machst du den ganzen Tag? Schreibe die passenden Sätze zu den Bildern auf.

In der Früh ____________________

Im Badezimmer ____________________

Dann sitze ich am Tisch und ____________________

Mit dem Schulranzen ____________________

In der Schule ____________________

In der Pause ____________________

Am Nachmittag ____________________

Dann muss ich ____________________

Ich besuche __________ und __________

Am Abend ____________________

Dann ____________________

Name: Datum:

4 Ich, du, er/sie/es – wir rennen zur Schule! ★★★

	Ich
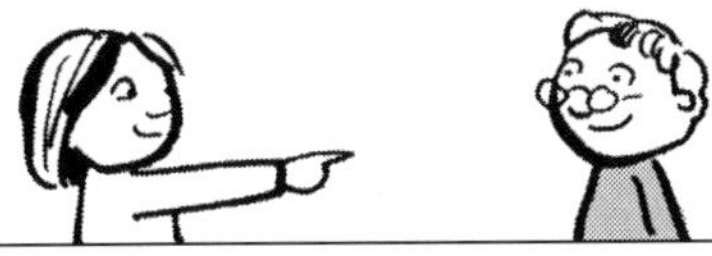	Du
	Er Sie Es
	Wir
	Ihr
	Sie

1. Schreibe kurze Sätze mit „rennen".
So: Ich renne zur Schule. Du rennst zur Schule. Er …

2. Schreibe auch Sätze mit „fahren".
So: Ich fahre mit dem Roller zum Schwimmbad. Du …

3. Lies deine Sätze einem anderen Kind vor.

Name: Datum:

5.1 Hüpfen wie ein Floh! ★★★

hüpfen

schwimmen

kriechen

trampeln

hoppeln

klettern

fliegen

schwimmen

springen

schleichen

tauchen

fressen

Autor: Theo Doerfler · Lerntheke Grundschule · DaZ – 1./2. Lernjahr · Illustratorin: Liliane Oser

Name: Datum:

5.2 Hüpfen wie ein Floh! ★★★

Im Zoo ist was los!

Der Floh schwimmt über den Elefanten.
Das Krokodil hüpft durch den See.

Die Schlange trampelt durch das Gras.
Der Elefant kriecht durch das Gehege.

Der Hase klettert über die Wiese.
Der Affe hoppelt auf den Baum.

Das Känguru schleicht über die Wiese.
Der Tiger springt durch den Urwald.

1. Lies dir die Sätze gut durch.

2. Schreibe die Sätze richtig auf. Die Bildkarten helfen dir dabei.
So: Der Floh hüpft über den Elefanten.

3. Lies einem anderen Kind deine Sätze vor.

4. Schreibe vier eigene Sätze in dein Heft.

Name: Datum:

2 Julia spielt mit dem Ball (Teil 1) ★

rennen 	Ahmet rennt zum Bus.
Zähne putzen 	Hakan putzt in der Früh seine Zähne.
laufen 	Baran läuft zur Schule.
lesen 	Malik liest ein spannendes Buch.
schlafen 	Lisa schläft in ihrem Bett.
hüpfen 	Tina hüpft über das Seil.
essen 	Leyla isst ein Brot.
sprechen 	Kilian spricht mit Hannah.

Name: Datum:

2 Julia spielt mit dem Ball (Teil 2) ★

fahren 	Fatma fährt mit dem Roller zur Schule.
malen 	Dominik malt ein schönes Bild.
aufstehen 	Alexander steht am Morgen auf.
schreiben 	Esma schreibt in ihr Heft.
spielen 	Julia spielt mit dem Ball.
trinken 	Boran trinkt einen Apfelsaft.
schwimmen 	Paula schwimmt im Schwimmbad hin und her.

Name: Datum:

3.2 Wenn der Tag beginnt ★★

1. Was machst du den ganzen Tag? Schreibe die passenden Sätze zu den Bildern auf.

In der Früh stehe ich auf.

Im Badezimmer putze ich meine Zähne.

Dann sitze ich am Tisch und frühstücke.

Mit dem Schulranzen gehe ich in die Schule.

In der Schule schreibe ich.

In der Pause spiele ich mit einem Ball.

Am Nachmittag fahre ich mit dem Roller.

Dann muss ich meine Hausaufgaben machen.

Ich besuche (Name) und spiele mit ihr/ihm.

Am Abend lese ich im Bett.

Dann schlafe ich ein.

Name: Datum:

4 Ich, du, er/sie/es – wir rennen zur Schule! ★★★

	Ich	renne zur Schule.
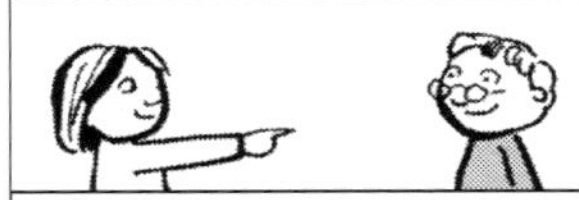	Du	rennst zur Schule.
	Er	rennt zur Schule.
	Sie	rennt zur Schule.
	Es	rennt zur Schule.
	Wir	rennen zur Schule.
	Ihr	rennt zur Schule.
	Sie	rennen zur Schule.

Ich fahre mit dem Roller zum Schwimmbad.
Du fährst mit dem Roller zum Schwimmbad.
Er fährt mit dem Roller zum Schwimmbad.
Sie fährt mit dem Roller zum Schwimmbad.
Es fährt mit dem Roller zum Schwimmbad.
Wir fahren mit dem Roller zum Schwimmbad.
Ihr fahrt mit dem Roller zum Schwimmbad.
Sie fahren mit dem Roller zum Schwimmbad.

Name: Datum:

5.2 Hüpfen wie ein Floh! ★★★

2. Schreibe die Sätze richtig auf. Die Bildkarten helfen dir dabei.
So: Der Floh hüpft über den Elefanten.

Im Zoo ist was los!

Der Floh hüpft über den Elefanten.
Das Krokodil schwimmt durch den See.

Die Schlange kriecht durch das Gras.
Der Elefant trampelt durch das Gehege.

Der Hase hoppelt über die Wiese.
Der Affe klettert auf den Baum.

Das Känguru springt über die Wiese.
Der Tiger schleicht durch den Urwald.

4. Schreibe vier eigene Sätze in dein Heft.

Zum Beispiel:

Der Vogel schwimmt im Aquarium.

Der Fisch fliegt durch die Luft.

Der Pinguin klettert in das Wasser.

Die Giraffe kriecht auf den Baum.

Symbolkarten für Sozialformen

Einzelarbeit

Partnerarbeit

Gruppenarbeit

Symbolkarten für Schwierigkeitsgrade

Symbolkarten für die Arbeitsaufträge

ausschneiden

aufkleben

passende Karten nebeneinander aufkleben

schreiben

unterstreichen

malen

nachdenken, weitere Lösungen finden

Bild-/Wortkartenpaare finden

Kartenpaare finden

nach dem Abc sortieren

richtige Silben zusammensetzen

Spiel: Pärchen finden

sich etwas allein durchlesen

einem anderen Kind etwas vorlesen

sich gegenseitig/abwechselnd etwas vorlesen

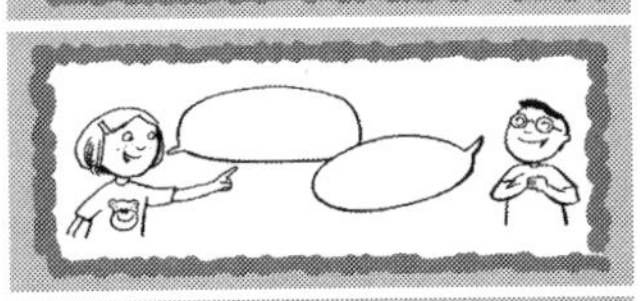

einem anderen Kind etwas vorsprechen

einem oder mehreren Kindern etwas auswendig vortragen

Helferkarte: „Ich helfe gerne bei der Aufgabe …“

Symbolkarten für die Selbsteinschätzung

Fällt mir schwer!
Ich brauche Hilfe!

Geht so.
Ich muss noch
viel überlegen.

Gut!
Zur Sicherheit
mache ich noch
eine Aufgabe.

Sehr gut! Ich helfe
jedem, der noch
Probleme mit
der Aufgabe hat.